Eine neue Einnahmequelle
24h.

Urheberrechte ©

Durch eine formale Ausbildung können Sie Ihren Lebensunterhalt verdienen. Durch Selbstbildung wirst du ein Vermögen verdienen."

– Jim Rohn

„In Wissen zu investieren bringt immer die besten Zinsen." -

Benjamin Franklin

„Geldmangel ist die Wurzel allen Übels." - Mark Twain

„Sobald Sie über eine solide Wissensbasis verfügen, wird es viel einfacher zu lernen, wie man Geld anlegt und damit umgeht." –

Rafael Seabra

„Geld ist ein schrecklicher Herr, aber ein ausgezeichneter Diener." –

P. T. BarnuM

Dieses Buch wurde sorgfältig erstellt, um Ihnen dabei zu helfen, in erstaunlicher Zeit: nur 24 Stunden, eine neue Einnahmequelle zu entdecken und umzusetzen.

Ja, Sie haben richtig gelesen!

In der Welt, in der wir leben, ist Zeit eine wertvolle Ressource und die Notwendigkeit, unsere Einkommensquellen zu diversifizieren, wird immer deutlicher. Wir suchen nach schnellen und praktischen Lösungen, um unsere finanzielle Situation zu verbessern.

In diesem Zusammenhang steht das Konzept von „***eine neue Einnahmequelle in 24 Stunden.***"

Ziel dieses Buches ist es, Ihnen einen umfassenden und umsetzbaren Leitfaden voller bewährter Techniken zur Verfügung zu stellen, der Ihnen dabei hilft, Chancen zu erkennen und in so kurzer Zeit eine neue Einnahmequelle zu erschließen.

Hier geht es darum, über die Theorie hinauszugehen und einen praktischen Aktionsplan anzubieten, damit Sie sofort mit der Erzielung von Ergebnissen beginnen können.

Von der Konzeption der Idee bis zur Gewinnung der ersten Kunden wird alles direkt, klar und einfach umsetzbar angesprochen.

Dieses Material ist eine Einladung an Sie, in eine finanzielle Transformation einzutauchen und die notwendigen Schritte in die Praxis umzusetzen, um in nur 24 Stunden eine neue Realität zu erreichen.

Eine kurze Einführung

Haben Sie sich jemals in einer Situation befunden, in der Sie nur eine einzige Einnahmequelle haben?<u>Reicht es nicht aus, Ihre Bedürfnisse und Wünsche zu erfüllen?</u>

Vielleicht haben Sie es satt, mit einem knappen Budget zu leben und sich nur auf einen Job zu verlassen, der Ihnen nicht die finanzielle Freiheit gibt, die Sie sich wünschen.

Wenn Sie nach einer radikalen Veränderung in Ihrem Leben suchen, ist dieses Material das Wertvollste, was Sie lernen können.

Jetzt sind Sie dabei, das Geheimnis zu entdecken, wie man in nur 24 Stunden eine neue Einnahmequelle erschließt. Ja, Sie haben richtig gelesen. Das ist kein leeres Versprechen oder eine Zauberformel. Wir sprechen von einer praktischen und effektiven Methode, die Ihre finanzielle Situation erheblich verändern kann.

Verstehen Sie, dass eine einzige Einnahmequelle wie eine Gratwanderung ohne Sicherheitsnetz ist. Sie können jederzeit das Gleichgewicht verlieren und sich in einer schwierigen Situation befinden. Deshalb ist es von entscheidender Bedeutung, Ihre Einnahmequellen zu diversifizieren und eine solide finanzielle Stabilität zu gewährleisten.

Aber warum ist es so wichtig, eine neue Einnahmequelle zu haben? Die Antwort ist einfach: Sicherheit, Freiheit und Chancen. Durch die Schaffung einer neuen Einnahmequelle werden Sie unabhängiger von einem einzelnen Job oder Unternehmen. Das bedeutet, dass Sie selbst dann, wenn etwas Unerwartetes passiert, wie eine Entlassung oder ein wirtschaftlicher Abschwung, auf andere Einnahmequellen zurückgreifen können.

In diesem E-Book werden Sie Schritt für Schritt und Modul für Modul zum Aufbau einer soliden und profitablen neuen Einnahmequelle geführt. Machen Sie sich bereit, innovative Strategien, praktische Tipps und wertvolle Erkenntnisse zu entdecken, die Ihre Sicht auf die Einkommensgenerierung revolutionieren werden.

Die verschiedenen Körbe mit goldenen Eiern

Mehr als eine Einnahmequelle zu haben ist ein wirkungsvolles Konzept, bei dem es darum geht, Ihre finanziellen Gewinnquellen zu diversifizieren, anstatt sich ausschließlich auf eine einzige Quelle zu verlassen.

Stellen Sie sich vor, Sie wären ein kluger Landwirt, der weiß, wie wichtig es ist, sein Saatgut auf verschiedenen Feldern zu verteilen.

Jedes Feld stellt eine Erntemöglichkeit dar, eine potenzielle Einnahmequelle.

So wie ein Landwirt nicht alle Eier in einen Korb legt, ist es wichtig, die Einnahmequellen zu verteilen, um Risiken zu reduzieren und die finanzielle Stabilität zu erhöhen. Jede Einnahmequelle stellt einen Korb dar und jeder Korb enthält goldene Eier, die die erzielbaren Chancen und Gewinne symbolisieren.

Wenn wir nur von einer einzigen Einnahmequelle abhängig sind, gefährden wir unsere gesamte finanzielle Existenz. Wenn dieser Quelle etwas zustößt, beispielsweise ein Arbeitsplatzverlust oder ein Rückgang der Unternehmensgewinne, können unsere Finanzen erheblich beeinträchtigt werden. Durch Diversifizierung und die Nutzung mehrerer Einnahmequellen schaffen wir jedoch ein Sicherheitsnetz, das uns vor dem Unerwarteten schützt.

Dies bietet Ihnen mehrere Vorteile. Erstens ermöglicht es uns, verschiedene Interessensgebiete, Talente und Fähigkeiten zu erkunden, was möglicherweise zu mehr Zufriedenheit und persönlicher Erfüllung führt. Darüber hinaus kann es Ihre Verdienstmöglichkeiten erhöhen und für mehr finanzielle Stabilität sorgen, da Einnahmen aus verschiedenen Quellen tendenziell etwaige Schwankungen ausgleichen.

Denken Sie über die verschiedenen Einkommensformen nach, die erwirtschaftet werden können: Einkünfte aus einem Job, passive Einkünfte aus Investitionen, Einkünfte aus eigenem Unternehmen, Immobilienmieten, Einkünfte aus freiberuflichen Tätigkeiten und andere.

Jede dieser Quellen leistet einen einzigartigen Beitrag zu unserer finanziellen Reise und bringt unterschiedliche Vorteile und Möglichkeiten mit sich.

So wie ein Landwirt seine Felder sorgfältig bestellt und pflegt, müssen wir Zeit und Mühe darauf verwenden, unsere verschiedenen Einkommensquellen zu pflegen und zu erweitern. Dies kann die Entwicklung neuer Fähigkeiten, die Suche nach Investitionsmöglichkeiten, die Verbesserung von Marketingstrategien für das eigene Unternehmen oder den Aufbau eines vielfältigen beruflichen Netzwerks umfassen.

Es ist jedoch wichtig, sich daran zu erinnern, dass mehrere Einnahmequellen Ausgewogenheit und ein effektives Zeitmanagement erfordern. Es ist wichtig, einen Rhythmus zu finden, der es ermöglicht, jeder einzelnen Quelle ausreichend Energie zuzuführen, ohne dass Qualität oder Effizienz darunter leiden.

Betrachten Sie diese Metapher von den vielen Körben voller goldener Eier. Bebauen Sie Ihre Felder mit Bedacht, verteilen Sie Ihr Saatgut in verschiedenen Bereichen, erkunden Sie vielfältige Möglichkeiten und beobachten Sie, wie sich Ihre finanzielle Ernte vergrößert. Indem Sie über mehrere Einnahmequellen verfügen, bauen Sie Ihre finanzielle Zukunft auf, stärken Ihre Sicherheit und schaffen den Weg zur Rentabilität.

Entscheiden Sie sich dafür, mehrere Körbe mit goldenen Eiern zu kultivieren, und lassen Sie die finanzielle Vermehrung zum Katalysator für ein Leben im Überfluss werden.

Einen Geist entwickeln
das auslagert und automatisiert

Um finanziellen Erfolg zu erzielen und mehrere Einnahmequellen aufzubauen, ist es entscheidend, eine kreative und unternehmerische Denkweise zu entwickeln.

Ein Geist, der ständig nach Möglichkeiten, innovativen Lösungen und Möglichkeiten sucht, seinen finanziellen Horizont zu erweitern.

Einer der ersten Schritte zur Entwicklung dieser Denkweise besteht darin, die Vorstellung loszulassen, dass man derjenige sein muss, der alles tut.

Es ist ganz natürlich, die Kontrolle über jeden Aspekt eines Unternehmens zu haben, aber wenn Sie sich auf diese Denkweise beschränken, kann dies Ihr Wachstumspotenzial einschränken.

Denken Sie stattdessen darüber nach, wie Sie Systeme erstellen, Personen finden oder Tools nutzen können, die Ihnen die Arbeit abnehmen können.

Die Denkweise der Delegation und Automatisierung ist der Schlüssel dazu, Zeit und Energie freizusetzen, sodass Sie sich auf strategische Aufgaben konzentrieren und neue Chancen verfolgen können.

Frag dich selbst:

„Wer kann das für mich tun?"

oder
"*Welches Tool oder welche Technologie kann mir helfen, diesen Prozess zu automatisieren?*".

Diese Fragen werden Sie dazu bringen, im Außenraum nach Lösungen zu suchen und über Ihre eigenen Fähigkeiten und Möglichkeiten hinaus zu denken.

Jetzt sind Sie ein Unternehmer, ein Chancenschöpfer. Seine Aufgabe besteht nicht darin, alle Aufgaben zu erfüllen, sondern vielmehr darin, Marktbedürfnisse zu identifizieren, Lösungen zu entwickeln und ein diversifiziertes Finanzökosystem aufzubauen.

Indem Sie den Gedanken loslassen, dass alles für Sie getan werden muss, können Sie maßstabsgetreu denken, Ihre Ressourcen nutzen und Wege finden, Ihr Verdienstpotenzial zu maximieren.

Dies kann bedeuten, Mitarbeiter einzustellen, Aufgaben auszulagern, in Technologie zu investieren oder strategische Partnerschaften aufzubauen.

Innovation ist ein Schlüsselelement bei der Schaffung neuer Einnahmequellen. Bleiben Sie stets über Markttrends, neue Bedürfnisse und Veränderungen im Verbraucherverhalten auf dem Laufenden. Diese Informationen können Geschäftsideen inspirieren und Türen zu neuen Einkommensmöglichkeiten öffnen.

Ein Geist, der neue Einnahmequellen schafft, ist bereit, seine Komfortzone zu verlassen, zu experimentieren und kalkulierte Risiken einzugehen. Sie ist offen dafür, aus Fehlern zu lernen,

Strategien anzupassen und angesichts von Herausforderungen beharrlich zu bestehen.

Fordern Sie sich also heraus, über Ihre eigenen Fähigkeiten und Fertigkeiten hinauszudenken. Befreien Sie sich von der Vorstellung, dass alles für Sie erledigt werden muss, und beginnen Sie mit der Suche nach alternativen Lösungen.

Öffne deinen Geist, denke groß!

Das Zeitalter der Infoprodukte

Wissen ist zu einem wertvollen Gut geworden.

Wenn Sie über Fähigkeiten, Fachwissen oder Erfahrung in einem bestimmten Bereich verfügen, kann der Verkauf von Infoprodukten eine äußerst profitable Möglichkeit sein, Ihr Wissen zu teilen und es in eine nachhaltige Einnahmequelle umzuwandeln.

Aber was sind Infoprodukte überhaupt?

Dabei handelt es sich um digitale Produkte, die Wissen und Informationen strukturiert und zugänglich bereitstellen.

Dazu können E-Books, Online-Kurse, Webinare, Podcasts, Videos und viele andere Formate gehören. Der große Vorteil besteht darin, dass sie einmal erstellt und an eine unbegrenzte Anzahl von Personen verkauft werden können, was bedeutet, dass das Gewinnpotenzial skalierbar ist und wächst.

Durch den Verkauf von Infoprodukten profitieren Sie von der wachsenden Nachfrage nach Online-Informationen und -Lernen. Menschen sind zunehmend daran interessiert, spezifische Kenntnisse und Fähigkeiten zu erwerben, um ihr persönliches und berufliches Leben zu verbessern. Hier kommen Ihr Fachwissen und die Möglichkeit ins Spiel, mit Ihren Infoprodukten Lösungen anzubieten.

Einer der großen Vorteile des Verkaufs von Infoprodukten ist die Flexibilität. Sie können eine bestimmte Nische auswählen, in der Sie über umfassende Kenntnisse und Leidenschaft verfügen, und ein Produkt entwickeln, das den Bedürfnissen dieser Zielgruppe entspricht. Dadurch können Sie mit dem arbeiten, was Ihnen wirklich gefällt und über Fachwissen verfügen, was Ihre Erfolgschancen erhöht.

Das Tolle an diesem Markt ist, dass der Verkauf von Infoprodukten die Möglichkeit bietet, ein globales Publikum zu erreichen.

Mit dem Internet sind Sie nicht darauf beschränkt, nur an Menschen in Ihrer Nähe zu verkaufen. Menschen von überall auf der Welt können auf Ihr Produkt zugreifen, was Ihre Verdienstmöglichkeiten erheblich steigert.

Um beim Verkauf von Infoprodukten erfolgreich zu sein, ist ein strategischer Ansatz wichtig. Dazu gehört, Ihre Zielgruppe zu identifizieren, ihre Bedürfnisse zu verstehen und ein qualitativ hochwertiges Produkt zu schaffen, das einen echten Mehrwert bietet. Sie benötigen außerdem effiziente digitale Marketingstrategien, um Ihre Infoprodukte zu bewerben, Ihre Zielgruppe zu erreichen und sie in Kunden umzuwandeln.

Einmal erstellen und jahrelang erhalten

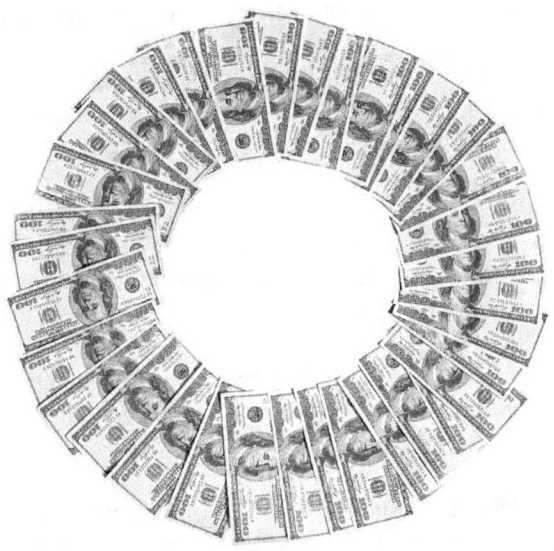

Einer der großen Vorteile der Erstellung eines Infoprodukts ist die Möglichkeit, über einen langen Zeitraum, möglicherweise über Jahre hinweg, Einnahmen zu erzielen.

Im Gegensatz zu anderen Arten von Unternehmen oder Einnahmequellen, bei denen ständige und kontinuierliche Arbeit erforderlich ist, um die Einnahmequelle aufrechtzuerhalten, ermöglicht Ihnen ein gut strukturiertes und geplantes Infoprodukt, die Früchte Ihrer Arbeit über einen längeren Zeitraum hinweg mit einem erheblichen Anfangsgewinn zu ernten Bemühung.

Durch die Erstellung eines Infoprodukts teilen Sie Ihr Wissen, Ihre Expertise und Ihre Erfahrung in einem Format, das von Ihrer Zielgruppe leicht konsumiert und abgerufen werden kann.

Sobald Sie die Erstellung des Infoprodukts abgeschlossen haben, sei es ein E-Book, ein Online-Kurs, ein Podcast oder eine andere Form, stellen Sie es zum Verkauf oder zum Zugriff bereit.

Von diesem Moment an wird Ihr Infoprodukt zu einem Vermögenswert, der wiederkehrende Einnahmen generieren kann.

Kunden, die an Ihren Inhalten interessiert sind, können diese kaufen oder sich für den Zugriff darauf anmelden, und Sie werden entsprechend bezahlt.

Dieses Einkommen kann als passives Einkommen betrachtet werden, da Sie nicht für jeden Verkauf oder Zugriff zusätzliche Anstrengungen unternehmen müssen.

Der Grund, warum man mit einem Infoprodukt über einen langen Zeitraum Gewinne erzielen kann, liegt in seiner digitalen Natur und der Möglichkeit der Automatisierung.

Sobald das Infoprodukt erstellt und verfügbar gemacht wurde, ist es möglich, automatisierte Systeme für den Verkauf, die Bereitstellung und den Zugriff auf die Inhalte einzurichten.

Das bedeutet, dass Sie für den Verkauf nicht physisch anwesend sein müssen und das Infoprodukt automatisch an die Kunden geliefert werden kann.

Außerdem kann ein gut gestaltetes Infoprodukt zeitlos sein. Das bedeutet, dass Ihre Inhalte unabhängig von Marktveränderungen im Laufe der Zeit relevant und wertvoll bleiben.

Natürlich wird es in manchen Fällen notwendig sein, das Infoprodukt zu aktualisieren oder zu ergänzen, um es auf dem neuesten Stand zu halten, aber im Allgemeinen werden die anfänglichen Erstellungs- und Strukturierungsarbeiten noch lange Zeit positive Ergebnisse liefern.

Die Langlebigkeit der Einnahmen aus einem Infoprodukt steht in direktem Zusammenhang mit der Qualität des Inhalts, seiner Attraktivität für die Zielgruppe und seiner Fähigkeit, Probleme zu lösen oder spezifische Bedürfnisse zu befriedigen.

Je wertvoller und relevanter Ihr Infoprodukt ist, desto wahrscheinlicher ist es, dass Menschen weiterhin daran interessiert sind und bereit sind, in den Erwerb zu investieren.

Wenn Sie also ein qualitativ hochwertiges Informationsprodukt erstellen, schaffen Sie einen dauerhaften Vermögenswert, der über einen längeren Zeitraum, möglicherweise über Jahre hinweg, Erträge generieren kann.

Dies bietet die Möglichkeit, eine stabile und beständige Einnahmequelle aufzubauen, während Sie sich auf neue Projekte oder die Erweiterung Ihres Unternehmens konzentrieren. Profitieren Sie von der einmaligen Erstellung eines Infoprodukts und genießen Sie die anhaltenden finanziellen Vorteile, die es im Laufe der Zeit bieten kann.

Die zwei besten Möglichkeiten, Infoprodukte zu verkaufen

Es gibt zwei Möglichkeiten, Infoprodukte zu verkaufen, und Sie können diejenige auswählen, die am besten zu Ihrem Profil und Ihren Zielen passt.

Die erste Möglichkeit besteht darin, Ihr eigenes Wissen zu verkaufen und Ihr Fachwissen und Ihre Erfahrung in einem bestimmten Bereich zu teilen. Die zweite Möglichkeit besteht darin, das Wissen anderer zu verkaufen und als Affiliate oder Infoprodukt-Reseller aufzutreten.

Wenn Sie sich dafür entscheiden, Ihr eigenes Wissen zu verkaufen, erkennen Sie den Wert und die Fachkompetenz an, die Sie in einem bestimmten Fachgebiet haben.

Sie können Kurse, E-Books, Video-Tutorials oder andere Infoproduktformate erstellen, um andere zu unterrichten und ihnen dabei zu helfen, wertvolle Fähigkeiten und Kenntnisse zu erwerben.

Dieser Ansatz ermöglicht es Ihnen, Ihre einzigartige Leidenschaft, Erfahrungen und Perspektiven zu teilen und so ein authentisches und personalisiertes Produkt zu schaffen.

Wenn Sie es vorziehen, das Wissen anderer zu verkaufen, werden Sie zum Vermittler und nutzen das Fachwissen anderer Experten, um Ihrem Publikum qualitativ hochwertige Produkte anzubieten. Als Affiliate oder Wiederverkäufer bewerben und vermarkten Sie Infoprodukte von Drittanbietern und verdienen Provisionen für jeden getätigten Verkauf. Dieser Ansatz ermöglicht es Ihnen, die Glaubwürdigkeit und das Fachwissen anderer zu nutzen, ohne eigene Produkte entwickeln zu müssen.

Beide Möglichkeiten haben ihre Vorteile. Durch den Verkauf Ihres eigenen Wissens haben Sie die Möglichkeit, Ihre persönliche Marke aufzubauen, Autorität in Ihrem Bereich aufzubauen und die vollständige Kontrolle über die von Ihnen angebotenen Inhalte zu haben. Andererseits können Sie beim Verkauf des Wissens anderer von strategischen Partnerschaften profitieren, haben Zugriff auf bereits vom Markt validierte Produkte und sparen Zeit und Aufwand im Erstellungsprozess.

Es ist wichtig hervorzuheben, dass wir alle trainierbare Wesen sind und die Fähigkeit haben, neues Wissen und Fähigkeiten zu erwerben.

Wenn Sie sich für die Möglichkeit entscheiden, das Wissen anderer zu verkaufen, können Sie sich darauf konzentrieren, mehr über das Produkt und sein Wertversprechen zu erfahren, sodass Sie mit Zuversicht und Begeisterung mit potenziellen Käufern kommunizieren können.

Auf diese Weise werden Sie zum Vermittler, der Menschen auf der Suche nach Wissen mit den Lösungen verbindet, die ihren Bedürfnissen entsprechen.

Für welche Option Sie sich auch entscheiden, denken Sie daran, dass Qualität und Wertschöpfung für den Erfolg beim Verkauf von Infoprodukten von entscheidender Bedeutung sind.

Konzentrieren Sie sich auf die Bereitstellung relevanter, gut strukturierter und qualitativ hochwertiger Inhalte, die einen echten Mehrwert für das Leben der Menschen darstellen.

Bleiben Sie in Ihrem Fachgebiet auf dem Laufenden, lernen Sie ständig weiter und verbessern Sie Ihre Fähigkeiten, um den bestmöglichen Service zu bieten.

Denken Sie auch daran, dass der Verkauf von Infoprodukten eine kontinuierliche Reise des Lernens und der Weiterentwicklung ist.

Seien Sie offen für Experimente, testen Sie verschiedene Marketingstrategien, hören Sie auf Kundenfeedback und passen Sie Ihren Ansatz nach Bedarf an.

Mit Engagement, Ausdauer und einem Fokus auf die Wertschöpfung können Sie das unbegrenzte Potenzial nutzen, das der Verkauf von Infoprodukten als nachhaltige und lohnende Einnahmequelle bietet.

Der Infoproduzentenmarkt: Eine unendliche Chance zum Handeln

Haben Sie schon einmal darüber nachgedacht, warum der Verkauf von Infoprodukten eine der besten Optionen für die Unternehmensgründung ist?

Die Antwort ist einfach: Der Markt für Wissen und Lernen wird niemals enden.

Es handelt sich um einen Sektor mit ständigem Wachstum und ständiger Nachfrage.

Einer der Vorteile des Eintritts in diesen Markt ist die niedrige Eintrittsbarriere. Im Gegensatz zu anderen Unternehmen, die erhebliche Investitionen in Infrastruktur, Lagerbestand oder physische Produktion erfordern, können Infoprodukte mit minimalen Kosten erstellt und vermarktet werden.

Sie benötigen lediglich Ihr Wissen, einen Computer und einen Internetzugang.

Ein weiterer Faktor, der den Infoproduktmarkt so attraktiv macht, ist die Tatsache, dass wir alle vom Anfang bis zum Ende unseres Lebens danach streben, zu lernen.

Der Wissensdurst ist ein wesentliches Merkmal der menschlichen Natur. Menschen sind immer auf der Suche nach Lösungen, persönlicher Weiterentwicklung, dem Erwerb von Fähigkeiten und der Bewältigung von Herausforderungen. Und genau das bieten Infoprodukte: eine Möglichkeit, diese Nachfrage zu befriedigen und anderen Menschen dabei zu helfen, ihre Ziele zu erreichen.

Wir leben in einem digitalen Zeitalter, in dem der Zugriff auf Informationen jederzeit und überall möglich ist.

Dank der Technologie können wir Inhalte effizient und skalierbar erstellen und bereitstellen. Mit nur wenigen Klicks können Sie einen Online-Kurs erstellen, ein E-Book schreiben oder ein Webinar aufzeichnen und es Tausenden von Menschen auf der ganzen Welt zur Verfügung stellen.

Der Verkauf von Infoprodukten ist nicht auf eine bestimmte Nische beschränkt. Möglichkeiten gibt es in praktisch jedem Fachgebiet, von Wirtschaft und Finanzen bis hin zu Gesundheit, Wellness, Kunst, persönlicher Entwicklung und vielem mehr. Wenn Sie über Fähigkeiten, Erfahrung oder Leidenschaft für ein bestimmtes Thema verfügen, gibt es ein Publikum, das gerne von Ihnen lernen möchte.

Ein weiterer Vorteil dieses Marktes ist die Möglichkeit, ein wiederkehrendes und skalierbares Einkommen aufzubauen.

Sobald Sie Ihre Infoprodukte erstellt haben, können diese mehrfach verkauft werden, ohne dass eine physische Inventur oder Produktion erforderlich ist. Das bedeutet, dass das Verdienstpotenzial unbegrenzt ist und Sie eine passive Einkommensquelle aufbauen können, bei der Ihre anfängliche Arbeit im Laufe der Zeit weiterhin Gewinne erwirtschaftet.

Es ist wichtig zu betonen, dass der Einstieg in den Infoproduktmarkt Hingabe, Engagement und einen strategischen Blick erfordert. Sie müssen Ihre Zielgruppe verstehen, ihre Bedürfnisse erkennen und qualitativ hochwertige Produkte schaffen, die einen echten Mehrwert bieten. Darüber hinaus ist es wichtig, in effiziente digitale Marketingstrategien zu investieren, um Ihre Infoprodukte zu bewerben und Ihr Publikum zu erreichen.

Wenn Sie also nach einer Geschäftsmöglichkeit mit unbegrenztem Potenzial suchen, ist der Verkauf von Infoprodukten die richtige Wahl.

Mit niedrigen Startkosten, wachsender Nachfrage und der Fähigkeit, Menschen beim Erreichen ihrer Ziele zu helfen, können Sie sich auf eine vielversprechende unternehmerische Reise begeben. Dem Wissen, das Sie teilen können, und den Ergebnissen, die Sie in diesem ständig wachsenden Markt erzielen können, sind keine Grenzen gesetzt.

Die Geheimnisse lüften
der großen Nischen und Sub-Nischen

Die Nische definiert die Zielgruppe Ihres Unternehmens und ermöglicht es Ihnen, deren spezifische Bedürfnisse, Wünsche und Probleme zu verstehen.

Wenn Sie tiefer in das Nischenkonzept eintauchen, werden Sie die Existenz von „großen Nischen" und „Sub-Nischen" entdecken, Strategien, die Ihren Erfolg vorantreiben und Ihre Ergebnisse maximieren können.

Was ist eine Nische? Eine Nische ist ein spezifisches Marktsegment mit besonderen Merkmalen und besonderen Bedürfnissen.

Es handelt sich um eine bestimmte Gruppe von Menschen, die gemeinsame Interessen, demografische Merkmale, Verhaltensmerkmale oder Probleme haben.

Anstatt Ihr Unternehmen beispielsweise auf „Frauen" auszurichten, könnten Sie eine spezifischere Nische definieren, z. B. „Frauen über 40, die sich für Fitness und Wellness interessieren". Je spezifischer die Nische, desto besser können Sie die Bedürfnisse Ihrer Zielgruppe verstehen und erfüllen.

Die Definition einer Nische ist von entscheidender Bedeutung, da Sie so zum Experten in einem bestimmten Marktsegment werden können. Indem Sie Ihre Bemühungen auf eine bestimmte Nische konzentrieren, können Sie Ihr Verständnis für die Bedürfnisse, Wünsche und Schwachstellen dieser Zielgruppe vertiefen. Dies versetzt Sie in die einzigartige Lage, relevante und maßgeschneiderte Lösungen zu liefern, die speziell auf die Anforderungen Ihrer Zielgruppe zugeschnitten sind.

Bei der Erkundung des Nischenkonzepts werden Sie auf zwei weit verbreitete Strategien stoßen: die großen Nischen und die Unternischen.

Große Nischen sind breite Marktsegmente, die ein breites Spektrum an Menschen abdecken. Sie zeichnen sich dadurch aus, dass sie eine breitere und allgemeinere Zielgruppe haben.

Beispielsweise ist die Nische „Gesundheit und Wellness" eine große Nische, da sie eine Vielzahl von Menschen umfasst, die sich für verschiedene Aspekte der Gesundheit interessieren, wie zum Beispiel gesunde Ernährung, körperliche Bewegung, Stressbewältigung und andere.

Obwohl große Nischen ein riesiges Marktpotenzial bieten, sind sie auch hart umkämpft. Um sich von der Konkurrenz abzuheben und öffentliche Aufmerksamkeit zu erregen, ist die Schaffung einer effizienten Differenzierungsstrategie erforderlich.

Hier kommen Subnischen ins Spiel. Subnischen sind spezifischere Segmente innerhalb einer großen Nische. Sie konzentrieren sich auf kleinere Gruppen von Menschen, die spezifischere Interessen, Bedürfnisse oder Probleme teilen.

Innerhalb der großen Nische „Gesundheit und Wohlbefinden" können wir beispielsweise Unternischen wie „Vegetarische Ernährung für Schwangere" oder „Krafttraining für Menschen über 50" haben.

Durch die Spezialisierung auf eine Unternische werden Sie zum Experten auf einem bestimmten Gebiet und können dieser spezifischen Zielgruppe hochrelevante Lösungen anbieten. Obwohl der Markt im Vergleich zu großen Nischen kleiner ist, gibt es weniger Konkurrenz und es ist wahrscheinlicher, dass eine tiefere Verbindung zu Ihrem Publikum aufgebaut wird.

Die Definition der richtigen Nische für Ihr Unternehmen hängt von mehreren Faktoren ab, wie Ihren Fähigkeiten, Ihrer Erfahrung, Ihren Leidenschaften und der Marktnachfrage. Hier sind einige Schritte, die Sie unternehmen können, um die richtige Nische für Sie zu definieren:

Selbsteinschätzung: Beginnen Sie mit der Ermittlung Ihrer Fähigkeiten, Kenntnisse und Erfahrungen. Fragen Sie sich, was Ihre Leidenschaften und Interessengebiete sind. Berücksichtigen Sie Ihre bisherigen Berufserfahrungen, Hobbys oder andere Fachkenntnisse, die Sie haben.

Marktforschung: Führen Sie Marktforschung durch, um Trends, Anforderungen und Bedürfnisse Ihrer Zielgruppe zu identifizieren. Nutzen Sie Tools wie Umfragen, Keyword-Analysen und Social-Media-Plattformen, um die Vorlieben und Probleme Ihrer Zielgruppe besser zu verstehen.

Identifizieren potenzieller Nischen: Listen Sie basierend auf Ihrer Selbsteinschätzung und Marktforschung einige potenzielle Nischen auf, die Ihren Fähigkeiten und Interessen mit den Bedürfnissen und Anforderungen Ihres Publikums entsprechen.

Wettbewerbebewertung: Analysieren Sie die Konkurrenz in jeder potenziellen Nische, die Sie identifiziert haben. Sehen Sie, wer die Hauptakteure sind, wie sie die Bedürfnisse der

Öffentlichkeit erfüllen und Möglichkeiten zur Differenzierung identifizieren.

Nischenauswahl: Wählen Sie basierend auf Ihrer Selbsteinschätzung, Marktforschung und Wettbewerbseinschätzung die Nische aus, die Ihren Fähigkeiten, Interessen und Ihrem Marktpotenzial am ehesten entspricht. Stellen Sie sicher, dass es genügend Nachfrage und Möglichkeiten gibt, in der von Ihnen gewählten Nische zu wachsen.

Sobald Sie Ihre Nische definiert haben, ist es an der Zeit, sich eingehender mit der Kenntnis Ihrer Zielgruppe zu befassen. Wenn Sie die Bedürfnisse, Wünsche, Schmerzen und Erwartungen Ihres Publikums verstehen, können Sie hochrelevante Produkte und Inhalte erstellen und bereitstellen. Führen Sie Recherchen durch, sprechen Sie mit Ihrem Publikum, beteiligen Sie sich an Communities mit Bezug zu Ihrer Nische und seien Sie stets über Veränderungen und Entwicklungen innerhalb des Segments informiert.

Kurz gesagt, die Definition Ihrer Nische ist der Weg zum Erfolg auf dem Infoproduktmarkt. Wenn Sie große Nischen und Sub-Nischen verstehen, können Sie Marktchancen erkennen, sich als Experte positionieren und Ihrer Zielgruppe hochrelevante Lösungen anbieten. Denken Sie daran, dass jede Nische ihre eigenen Besonderheiten und Herausforderungen hat. Seien Sie also bereit zu lernen, passen Sie Ihre Strategie nach Bedarf an und versuchen Sie stets, Ihr Wissen und Ihre Verbindung zu Ihrem Publikum zu verbessern. Damit sind Sie auf dem besten Weg, ein erfolgreiches Geschäft auf dem Infoproduktmarkt aufzubauen.

MethodeSTRUKTUR: Erstellen Sie Ihr Infoprodukt von Grund auf

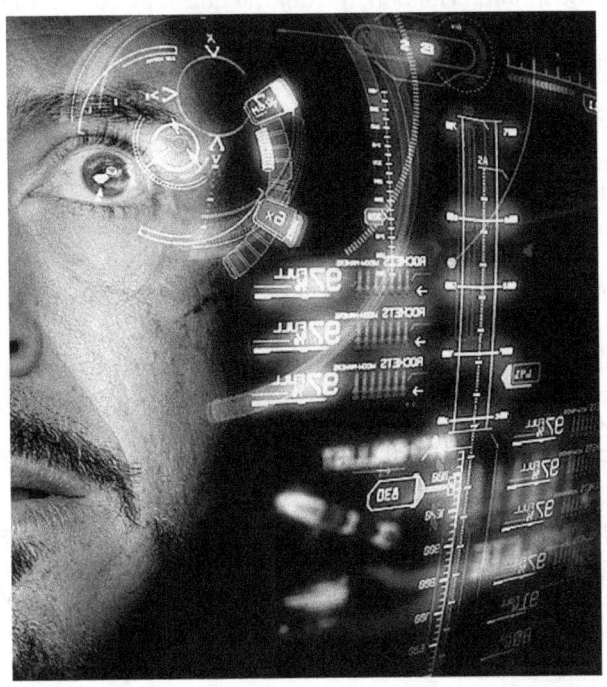

Stellen Sie sich vor, Sie halten eine getestete und bewährte Methode in Ihren Händen, mit der Sie qualitativ hochwertige Infoprodukte mit einem klaren und ansprechenden Schritt-für-Schritt-Prozess erstellen können.

Mit der ESTRUTURALT-Methode erhalten Sie Zugriff auf die effizientesten Strategien zur Entwicklung leistungsstarker Inhalte, die Ihr Publikum beeinflussen und Verbraucherwünsche wecken.

E – Themenwahl: Wählen Sie zunächst ein relevantes Thema aus, das Ihrem Wissen und Ihrer Expertise entspricht. Berücksichtigen Sie die Bedürfnisse und Interessen Ihrer Zielgruppe, wenn Sie sich für das Thema Ihres Infoprodukts entscheiden.

S – Zielgruppensegmentierung: Identifizieren Sie Ihre Zielgruppe klar und spezifisch. Verstehen Sie ihre Demografie, Interessen, Wünsche und Probleme. Dies wird Ihnen helfen, Ihr Infoprodukt an die spezifischen Bedürfnisse dieser Gruppe anzupassen.

T – Art des Infoprodukts: Bestimmen Sie das Format Ihres Infoprodukts. Dabei kann es sich um ein E-Book, einen Online-Kurs, einen Podcast, ein Webinar, ein Video oder jedes andere Format handeln, das am besten geeignet ist, das Wissen zu vermitteln, das Sie teilen möchten.

R – Roadmap: Erstellen Sie eine detaillierte Roadmap für Ihr Infoprodukt. Unterteilen Sie es in Module, Kapitel oder Schritte und achten Sie dabei auf eine logische und klare Abfolge des Inhalts. Dies wird Ihnen helfen, Ihre Ideen zu organisieren und den Erstellungsprozess zu vereinfachen.

U – Beispiele und Fallstudien verwenden: Um Ihr Infoprodukt ansprechender und praktischer zu gestalten, fügen Sie reale Beispiele und Fallstudien hinzu, die Ihre Konzepte veranschaulichen und Ihre Anwendung im wirklichen Leben zeigen. Dies wird Ihrem Publikum helfen, Wissen besser zu verstehen und anzuwenden.

T – Content-Übermittlung: Wählen Sie den besten Weg, Ihr Wissen zu vermitteln. Verwenden Sie eine klare, didaktische Sprache, die an Ihr Publikum angepasst ist. Nutzen Sie visuelle Hilfsmittel wie Bilder, Grafiken oder Folien, um das Verständnis und die Aufnahme der Inhalte zu verbessern.

U – Benutzerfreundlichkeit und Zugänglichkeit: Stellen Sie sicher, dass Ihr Infoprodukt einfach zu verwenden und für Ihr Publikum zugänglich ist. Überprüfen Sie, ob die Struktur und Formatierung angemessen ist, dass die technischen Ressourcen ordnungsgemäß funktionieren und dass die Inhalte auf verschiedenen Geräten abgerufen werden können.

R – Korrekturlesen und Bearbeiten: Führen Sie eine vollständige Überprüfung Ihres Infoprodukts durch und prüfen Sie es auf Grammatik-, Kohäsions-, Klarheits- und Konsistenzfehler. Erwägen Sie die Beauftragung eines Fachmanns mit der endgültigen Bearbeitung, um die Qualität des Endprodukts sicherzustellen.

A – Visuelle Attraktion: Schätzen Sie das visuelle Erscheinungsbild Ihres Infoprodukts. Nutzen Sie attraktive

Designelemente, passende Farben und eine einheitliche visuelle Identität. Dies wird dazu beitragen, Professionalität zu vermitteln und die Aufmerksamkeit Ihres Publikums zu erregen.

L – Einführung und Werbung: Planen Sie eine effiziente Einführungs- und Werbestrategie. Nutzen Sie digitale Marketingkanäle wie soziale Netzwerke, E-Mail-Marketing, strategische Partnerschaften, bezahlte Anzeigen und andere, um Ihre Zielgruppe zu erreichen und Ihr Infoprodukt zu bewerben.

T – Test und Feedback: Holen Sie nach der Einführung das Feedback Ihrer Kunden ein und nehmen Sie gegebenenfalls Anpassungen vor. Bewerten Sie die Leistung Ihres Infoprodukts, prüfen Sie, ob die Erwartungen der Öffentlichkeit erfüllt werden, und versuchen Sie stets, das Benutzererlebnis zu verbessern.

durch die MethodeSTRUKTURELL, Sie erhalten eine praktische und effiziente Anleitung zur Erstellung Ihres Infoprodukts von Grund auf.

Befolgen Sie jeden Schritt sorgfältig und passen Sie ihn an Ihre Bedürfnisse und Ihre Zielgruppe an. Denken Sie daran, dass die Qualität des Inhalts und die Bereitstellung von Mehrwert den Erfolg des Unternehmens bestimmen.

Künstliche Intelligenz kann Ihnen um 70 % helfen

Künstliche Intelligenz (GPT-Chat) kann Inhalte schnell und automatisch generieren, aber die wahre Essenz, Brillanz und Authentizität kommt oft vom kreativen Geist und dem menschlichen Wissen.

Die menschliche Überprüfung ist entscheidend, um sicherzustellen, dass Inhalte korrekt, klar und ansprechend sind und den Zielen und Erwartungen der Zielgruppe entsprechen.

Künstliche Intelligenz kann dazu beitragen, den Prozess der Erstellung von Infoprodukten zu beschleunigen, Erkenntnisse und Vorschläge bereitzustellen und sogar Inhalte zu generieren.

Es ist jedoch das aufmerksame und kritische Auge eines Menschen, das Fehler erkennen, den Text verbessern, relevante Beispiele hinzufügen, den Inhalt persönlicher gestalten und ihm die menschliche Note verleihen kann, die den Unterschied ausmacht.

Darüber hinaus ist auch eine menschliche Überprüfung unerlässlich, um Ethik und Verantwortung bei den generierten Inhalten sicherzustellen.

Künstliche Intelligenz kann aus großen Datenmengen lernen, aber es ist der Mensch, der Entscheidungen treffen und sicherstellen muss, dass der Inhalt korrekt, unvoreingenommen und im Einklang mit angemessenen Werten und Normen ist.

Obwohl künstliche Intelligenz ein leistungsstarkes und nützliches Werkzeug bei der Erstellung von Infoprodukten ist, ist die menschliche Präsenz unerlässlich, um die Qualität, Authentizität und Relevanz der Inhalte zu gewährleisten.

Durch die Zusammenarbeit zwischen Mensch und Technologie können außergewöhnliche Infoprodukte entstehen, die einen echten Mehrwert bieten und den Bedürfnissen der Öffentlichkeit gerecht werden.

Nichts wird erstellt, alles wird kopiert: Die Kunst, bestehende Produkte zu modellieren und zu verbessern

Haben Sie schon einmal den Ausdruck „Nichts wird erschaffen, alles wird kopiert" gehört?

Obwohl es auf den ersten Blick widersprüchlich erscheinen mag, enthält dieser Satz eine kraftvolle Wahrheit in der Welt der Geschäfts- und Produktentwicklung.

Der Grundgedanke dieses Konzepts besteht darin, dass wir, anstatt das Rad neu zu erfinden, uns von bestehenden Produkten inspirieren lassen und diese verbessern können, um Innovationen zu schaffen und einen Mehrwert zu schaffen.

Wenn wir vom Kopieren sprechen, meinen wir nicht das exakte Kopieren oder Plagiat.

Damit meinen wir, dass wir erfolgreiche Produkte betrachten, modellieren und an unsere eigenen Vorstellungen und Bedürfnisse anpassen können.

Das Geheimnis besteht darin, die Fähigkeit zu entwickeln, sich selbst in Frage zu stellen:

„Wie kann ich dieses bereits bestehende Produkt verbessern?"

Durch die Beobachtung und Untersuchung bereits auf dem Markt befindlicher Produkte können Sie Stärken und Verbesserungsmöglichkeiten identifizieren.

Analysieren Sie Aspekte wie Design, Funktionen, Benutzererfahrung, Kundenservice und Marketingstrategien.

Frag dich selbst:*„Wie kann ich diese Idee für meine Zielgruppe noch relevanter, innovativer und wertvoller machen?"*.

Dieser Ansatz ermöglicht es Ihnen, Produkte mit viel mehr Durchsetzungskraft zu entwickeln, da bereits eine etablierte Basis vorhanden ist, die Ihre Entwicklung leitet. Durch die Modellierung und Verbesserung eines bestehenden Produkts profitieren Sie von bereits geleisteter Arbeit und nutzen die im Laufe der Zeit gewonnenen Erkenntnisse und Erkenntnisse.

Denken Sie daran, dass das Ziel nicht nur darin besteht, das Produkt zu kopieren, sondern ihm einen Mehrwert und eine Differenzierung zu verleihen. Es ist wichtig, Ihre eigene Perspektive, Kreativität und Ihr Wissen einzubringen, um das Bestehende zu verbessern. Auf diese Weise verleihen Sie dem Produkt Ihre Marke und Ihre persönliche Note und machen es für Ihre Zielgruppe einzigartig und attraktiv.

Achten Sie bei der Modellierung bestehender Produkte darauf, dass Sie nicht gegen Gesetze verstoßen oder Rechte Dritter verletzen. Nutzen Sie das Produkt als Inspiration und Grundlage für die Verbesserung Ihrer eigenen Kreationen und achten Sie dabei stets auf rechtliche und ethische Standards.

Die Kunst, bestehende Produkte zu modellieren und zu verbessern, ist eine intelligente und effektive Strategie für Unternehmer und Entwickler von Infoprodukten. Durch die Untersuchung dessen, was bereits auf dem Markt verfügbar ist, und nach Möglichkeiten zur Verbesserung dieser Produkte suchen, verfügen Sie über eine solide Grundlage, um etwas Neues, Innovatives und im Einklang mit den Bedürfnissen und Wünschen Ihres Publikums zu schaffen.

Wenn Sie also das nächste Mal von dem Druck, etwas völlig Neues zu schaffen, überwältigt werden, denken Sie daran: Nichts wird geschaffen, alles wird kopiert. Schauen Sie sich um, studieren, modellieren und verbessern Sie bestehende Produkte. Bringen Sie Ihre einzigartige Vision, Ihr Fachwissen und Ihre Leidenschaft ein, um etwas zu schaffen, das die Erwartungen Ihres Publikums übertrifft!

So erstellen Sie ein digitales E-Book mit Künstlicher Intelligenz in 15 Modulen

Befolgen Sie diese Schritte Schritt für Schritt und beobachten Sie, wie die Magie geschieht.

Modul 1: Einführung

Vorstellung des Ebooks und des Autors
Ziele und Vorteile des E-Books
Kontextualisierung zum angesprochenen Thema

Modul 2: Definition der Zielgruppe

Identifizierung und detaillierte Beschreibung der Zielgruppe
Die Bedürfnisse, Wünsche und Probleme der Zielgruppe verstehen
Für die Erstellung des E-Books ist es wichtig, die Zielgruppe zu kennen

Modul 3: Inhaltsrecherche

Recherche durchführen und relevante Informationen zum Thema des E-Books sammeln
Identifizierung zuverlässiger Quellen und Referenzen zur Unterstützung des Inhalts
Organisation und Strukturierung der gewonnenen Informationen

Modul 4: Definition der E-Book-Struktur

Auswahl einer geeigneten Struktur für das E-Book

Definition von Kapiteln, Abschnitten und Unterabschnitten des E-Books
Logische und sequentielle Organisation der Inhalte

Modul 5: Titel- und Untertitelerstellung

Entwicklung eines attraktiven und wirkungsvollen Titels für das E-Book
Erstellen Sie Unterüberschriften, die den Inhalt jedes Abschnitts zusammenfassen
Einsatz von Copywriting-Techniken, um das Interesse des Lesers zu wecken

Modul 6: Inhaltsentwicklung

Schreiben Sie den Inhalt jedes Kapitels, Abschnitts und Unterabschnitts
Verwendung einer klaren, prägnanten und angemessenen Sprache für die Zielgruppe
Einbeziehung von Beispielen, Fallstudien und praktischen Tipps zur Bereicherung des Inhalts

Modul 7: Überprüfung und Bearbeitung

Überprüfung des schriftlichen Inhalts, Korrektur von Grammatik- und Rechtschreibfehlern
Überprüfung der Konsistenz und Fließfähigkeit des Textes
Bearbeiten Sie den Inhalt, um ihn ansprechender und fesselnder zu gestalten

Modul 8: Design und Layout

Erstellen eines attraktiven und professionellen Designs für das E-Book

Verwendung visueller Elemente wie Bilder, Grafiken und
Symbole zur Anreicherung von Inhalten
Sorgen Sie für das richtige Layout mit Abständen, Schriftarten
und harmonischen Farben

Modul 9: Cover-Erstellung

Entwicklung eines attraktiven Covers, das die Essenz des
E-Books vermittelt
Verwendung von Bildern, Farben und visuellen Elementen, die
sich auf den Inhalt beziehen
Einfügung des Titels und des Untertitels in klarer und
leserlicher Form

Modul 10: Formatierung für digitale E-Books

Konvertieren des E-Books in ein digitales Format wie PDF,
EPUB oder MOBI
Kompatibilitätsprüfung für verschiedene Geräte und
Plattformen
Sicherstellung der richtigen Formatierung zum Lesen auf
digitalen Bildschirmen

Modul 11: Interaktive Elemente hinzufügen

Einbindung von Hyperlinks zur Erleichterung der Navigation im
E-Book
Einbettung von für den Inhalt relevanten Videos, Audios oder
Animationen
Hinzufügen interaktiver Funktionen, die das Leseerlebnis
bereichern

Modul 12: Abschließende Überprüfung

Vollständige E-Book-Rezension mit Prüfung aller Elemente, Formatierung und Interaktivität
Korrektur aller festgestellten Fehler oder Probleme
Garantiert einwandfreie Endqualität

Modul 13: Metadatengenerierung

Einbeziehung relevanter Metadaten wie Titel, Autor, Schlüsselwörter und Beschreibung
Optimieren Sie für Suchmaschinen und erleichtern Sie das Auffinden von E-Books

Modul 14: Veröffentlichung und Vertrieb

Auswahl der richtigen Vertriebsplattformen für das E-Book
E-Book-Upload auf ausgewählten Plattformen
Definition von E-Book-Verbreitungs- und Werbestrategien

Modul 15: Überwachung und kontinuierliche Verbesserung

Überwachung der E-Book-Leistung wie Anzahl der Downloads und Leser-Feedback
Analyse der Ergebnisse und Identifizierung von Verbesserungsmöglichkeiten
Regelmäßige E-Book-Aktualisierung mit neuen Informationen und Verbesserungen

Wenn Sie dies Schritt für Schritt befolgen und künstliche Intelligenz als Hilfsmittel nutzen, können Sie von der ersten Recherche bis zur Veröffentlichung und Verbreitung ein hochwertiges digitales E-Book erstellen. Denken Sie daran, jeden Schritt an Ihre Bedürfnisse und Ziele anzupassen und stets darauf zu achten, Ihrer Zielgruppe wertvolle und wirkungsvolle Inhalte anzubieten.

MVP – Die Technik, die Ihre Infoprodukte validiert

Das Konzept des MVP (Minimum Viable Product) für Infoprodukte

Das MVP oder Minimum Viable Product ist ein grundlegendes Konzept, wenn es um die Erstellung und Validierung eines Infoprodukts geht. Es handelt sich um einen Ansatz, der es Ihnen ermöglicht, eine erste Version Ihres Produkts zu entwickeln, die nur die wesentlichen Elemente enthält, um die Grundbedürfnisse Ihrer Zielgruppe zu erfüllen. Das Hauptziel des MVP besteht darin, die Infoproduktidee mit minimalem Zeit- und Ressourcenaufwand zu testen und zu validieren.

Bei der Erstellung eines Infoprodukts machen viele Unternehmer den Fehler, viel Zeit, Energie und Ressourcen in ein vollständiges und fertiges Produkt zu investieren, ohne sicher zu sein, dass der Markt es positiv annimmt. Dieser Ansatz kann riskant sein und zur Verschwendung wertvoller Ressourcen führen.

In diesem Zusammenhang wird das MVP zu einer intelligenten Strategie. Durch die Entwicklung einer vereinfachten Version Ihres Infoprodukts können Sie es schneller und kostengünstiger auf den Markt bringen. Die Idee besteht darin, nur die grundlegenden Features und Funktionen anzubieten, die Sie benötigen, um die Probleme oder Bedürfnisse Ihrer Zielgruppe zu lösen.

MVP ist ein iterativer Prozess, d. h. Sie können eine erste Version starten und das Infoprodukt basierend auf dem Feedback der Benutzer schrittweise verbessern und erweitern.

Dadurch können Sie die Marktakzeptanz testen, Ihre Ideen validieren und Anpassungen vornehmen, bevor Sie Zeit und Ressourcen in komplexere Funktionen investieren.

Wenn Sie sich für MVP entscheiden, können Sie Zeit und Geld sparen, indem Sie die Entwicklung unnötiger oder von Ihrer Zielgruppe nicht geschätzter Funktionen vermeiden. Darüber hinaus erhalten Sie frühzeitig wertvolles Feedback von Benutzern, das es ermöglicht, ihre Bedürfnisse, Erwartungen und Vorlieben zu verstehen.

Es ist erwähnenswert, dass MVP nicht bedeutet, dass Sie ein minderwertiges oder unvollständiges Produkt veröffentlichen. Das Ziel besteht vielmehr darin, ein funktionales und nützliches Produkt zu liefern, jedoch mit Fokus auf die wesentliche Funktionalität. Im Laufe der Zeit können Sie basierend auf dem Feedback, das Sie erhalten, zusätzliche Funktionen hinzufügen und das Benutzererlebnis verbessern.

Das MVP-Konzept ist im Zusammenhang mit Infoprodukten besonders relevant, da diese in der Regel wissens- und inhaltsbasiert sind. Durch die Erstellung eines MVP für ein Infoprodukt können Sie wertvolle und relevante Inhalte anbieten, auch wenn diese zunächst in einer vereinfachten Form vorliegen.

Zusammenfassend ist das MVP ein strategischer Ansatz, um Infoprodukte effizienter zu erstellen und zu validieren. Durch die Entwicklung einer ersten Version, die nur das Wesentliche enthält, um die Bedürfnisse Ihrer Zielgruppe zu erfüllen, können Sie die Idee mit minimalem Zeit- und Ressourcenaufwand testen und validieren. Dadurch können Sie Zeit sparen, Verschwendung vermeiden und wertvolles Feedback erhalten, um Ihr Produkt im Laufe der Zeit zu verbessern. Denken Sie daran, dass MVP ein fortlaufender, iterativer Prozess ist, der es Ihnen ermöglicht, Ihr Infoprodukt basierend auf den Bedürfnissen und Vorlieben Ihrer Zielgruppe zu erweitern und weiterzuentwickeln.

Abschluss

Die Erstellung eines Infoprodukts gilt als eine der besten
Möglichkeiten, in kurzer Zeit, sogar innerhalb von 24 Stunden,
eine neue Einnahmequelle zu generieren.

Diese Aussage basiert auf mehreren Faktoren, die Infoprodukte
zu einer praktikablen und erschwinglichen Option für
Unternehmer machen, die auf der Suche nach schnellen
Ergebnissen sind.

Als nächstes erkläre ich im Detail die Gründe, warum die
Erstellung eines Infoprodukts eine hervorragende Möglichkeit
ist, in so kurzer Zeit Einnahmen zu generieren.

Niedrige Produktionskosten:
Im Gegensatz zu physischen Produkten, die Investitionen in
Rohstoffe, Produktion, Lagerbestand und Logistik erfordern,
werden Infoprodukte auf der Grundlage des Wissens und der
Expertise des Herstellers erstellt.

Dies bedeutet, dass die Produktionskosten erheblich geringer
sind, da keine Investitionen in physische Materialien oder
spezielle Ausrüstung erforderlich sind.

Mit den derzeit verfügbaren digitalen Tools und Ressourcen wie
Bearbeitungssoftware, Content-Erstellung und
Hosting-Plattformen ist es möglich, mit geringem finanziellen
Aufwand ein Infoprodukt zu erstellen.

Zeitliche Flexibilität:

Durch die Erstellung eines Infoprodukts haben Sie die Freiheit, Ihre eigenen Arbeitszeiten festzulegen und Ihre Zeit nach Ihren Bedürfnissen zu verwalten.

Dadurch können Sie sich an Ihre aktuelle Routine anpassen und das Produkt auf Wunsch innerhalb von 24 Stunden erstellen.

Zeitliche Flexibilität ist ein erheblicher Vorteil für alle, die eine neue Einnahmequelle suchen, da sie es Ihnen ermöglicht, die Arbeit zur Erstellung des Infoprodukts mit anderen persönlichen oder beruflichen Aufgaben zu vereinbaren.

Skalierbarkeit und globale Reichweite:
Einer der großen Vorteile von Infoprodukten ist ihre Skalierbarkeit und globale Reichweite.

Einmal erstellt, kann das Infoprodukt ohne großen Zusatzaufwand reproduziert und an eine unbegrenzte Anzahl von Personen verkauft werden.

Darüber hinaus ist es mit dem Internet und digitalen Plattformen möglich, ein globales Publikum zu erreichen, unabhängig von seinem geografischen Standort. Diese große Reichweite ermöglicht es Ihnen, Ihre Vertriebschancen zu erweitern und in kurzer Zeit Einnahmen zu generieren.

Nachfrage nach Wissen und Lernen:
Die Suche nach Wissen und Lernen ist eine Konstante in der heutigen Gesellschaft.

Menschen sind immer auf der Suche nach Lösungen, persönlicher Verbesserung, beruflichen Fähigkeiten und Entwicklung in verschiedenen Bereichen.

Infoprodukte bieten genau das: wertvolle, organisierte und strukturierte Inhalte, die den Bedürfnissen und Anforderungen der Öffentlichkeit gerecht werden. Indem Sie ein Infoprodukt erstellen, das auf Ihrem Wissen oder Ihrer Erfahrung in einem bestimmten Thema basiert, bieten Sie etwas an, wonach der Markt aktiv sucht.

Vielfalt an Formaten:
Infoprodukte sind nicht auf ein einziges Format beschränkt. Sie können E-Books, Online-Kurse, aufgezeichnete Vorlesungen, Podcasts, Webinare und mehr erstellen.

Diese Vielfalt an Formaten ermöglicht es Ihnen, das Format auszuwählen, das am besten zu Ihrem Kommunikationsstil und den Inhalten passt, die Sie vermitteln möchten. Darüber hinaus geht diese Vielfalt an Formaten auch auf die Vorlieben des Publikums ein und bietet unterschiedliche Möglichkeiten, die von Ihnen bereitgestellten Inhalte zu konsumieren.

Automatisierung und passives Einkommen:
Sobald das Infoprodukt erstellt und verfügbar gemacht wurde, kann es automatisiert werden. Dies bedeutet, dass Sie ein System einrichten können, um das Produkt automatisch an Kunden zu liefern. Dies ermöglicht es Ihnen, passiv zu verdienen, also Umsätze zu erzielen und Einnahmen zu generieren, auch wenn Sie nicht aktiv am Prozess beteiligt sind. Die Automatisierung ermöglicht es Ihnen, sich auf andere Aktivitäten zu konzentrieren, während das Infoprodukt weiter verkauft wird.

Zusammenfassend bietet die Erstellung eines Infoprodukts eine Reihe von Vorteilen, die es ermöglichen, in kurzer Zeit, beispielsweise 24 Stunden, eine neue Einnahmequelle zu generieren. Mit niedrigen Produktionskosten, zeitlicher Flexibilität, Skalierbarkeit, Wissensbedarf, Formatvielfalt, Automatisierung und passivem Einkommen sind Infoprodukte eine äußerst erschwingliche und profitable Option für Unternehmer, die schnell eine neue Einnahmequelle erschließen möchten.

Indem Sie Ihr Wissen und Ihre Fachkenntnisse nutzen, um ein Infoprodukt zu erstellen, bieten Sie dem Markt einen Mehrwert und öffnen Türen zu Möglichkeiten für finanziellen Erfolg.

Wer ist Matheus Martins Soares?

 Matheus ist ein ehemaliger Militär-/Präsidentschaftsagent, hat seit 2018 einen Abschluss in Marketing und ist Spezialist für Texterstellung. Er hat für mehr als 27 verschiedene Nischen geschrieben und dabei seine Fähigkeit unter Beweis gestellt, sich an unterschiedliche Themen und Zielgruppen anzupassen. Im Laufe seiner Karriere hat er in großen Unternehmen gearbeitet, beispielsweise beim größten Wirtschaftsmagazin des Landes und der größten Marketingberatung in Brasilien. Hat zum Erfolg wichtiger Kampagnen beigetragen und seinen Kunden einen Umsatzzuwachs von 30 Mio. generiert. Veröffentlichte über 100 Bücher auf Amazon und gewann Leser in über 10 verschiedenen Ländern. Als Experte für StoryTelling und UX Writing arbeitet er auch hinter den Kulissen als Ghostwriter und verleiht den Ideen und Geschichten anderer Menschen eine

Stimme. Seine Methode ermöglicht es, ein Buch in weniger als 24 Stunden zu schreiben.

Mit strategischem Weitblick und Marketingwissen verhilft er Unternehmen, Autoren und Literaturprojekten zum Erfolg. Er befand sich in der Welt des Marketings, des Schreibens und des menschlichen Verhaltens. Seine Fähigkeit, sich an verschiedene Herausforderungen anzupassen, zeichnet ihn in seinem Fachgebiet aus.